북부 지방은 휴전선 이북의 북한 땅입니다.
산지가 많아 밭농사를 많이 하고
임산·지하 자원이 매우 풍부합니다.
그런데 한 핏줄을 나눈 형제의 땅이지만
오랫동안 분단되어 서로 많이 달라져 있습니다.
북부 지방의 자연 환경과 생활 모습을 알아보면
통일이 얼마나 필요한지 깨닫게 될 것입니다.
경의선을 타고 개성을 지나 평양으로 가는 날,
그 날을 꿈꾸어 봅시다.

자연 지리 감수_ 송언근

경북대학교 학부와 대학원에서 자연지리와 지리교육을 전공하고 박사 학위를 받았습니다. 뉴질랜드 크라이스트처치 교육대학 연구 교수로 활동하였으며, 지금은 대구교육대학교 사회교육과 교수로 있습니다. 쓴 책과 옮긴 책으로는 〈지리로 읽는 대구 이야기〉, 〈교육 연구의 질적 접근〉, 〈교육적 질문하기〉, 〈초등지리 교육론(공역)〉 등이 있습니다. 논문으로는 〈그림지도에서 수준별 교수·학습과 수행평가의 관계 구성〉, 〈지리교육에서 지형교육의 의미와 방향〉 등이 있습니다.

인문 지리 감수_ 서태열

서울대학교 학부와 대학원에서 지리교육을 전공하고 교육학 박사 학위를 받았습니다. 미국 텍사스주립대학에서 방문 교수로 활동하였으며, 지금은 고려대학교 지리교육과 교수로 있습니다. 제7차 사회과 교육과정 개정위원 및 초등 사회 교과서 집필위원, 한국교육과정평가원 자문위원 등을 지냈으며, 지금은 교육인적자원부 사회과 교육과정 심의위원, 한국사회과교육연구학회 부회장, 한국지리환경교육학회 부회장, 고려대학교 교과교육연구소장을 맡고 있습니다. 쓴 책과 옮긴 책으로는 〈지리교육학의 이해〉, 〈위성에서 보는 한국 아틀라스〉, 〈세계화 시대의 세계지리 읽기〉, 〈초등지리 교육론(공역)〉 등이 있습니다.

지구촌 감수_ 옥한석

서울대학교 학부와 대학원에서 지리학을 전공하고 박사 학위를 받았습니다. 한국사진지리학회장, 교육자료개발원장, 미국 워싱턴대학 방문 교수로 활동하였습니다. 지금은 한국지역지리학회 부회장 및 강원대학교 지리교육과 교수로 있습니다. 쓴 책으로는 〈세계화 시대의 세계지리 읽기〉 등이 있으며, 논문 〈생활 중심 교수 학습·모형의 설계와 적용〉과 〈학생의 일상적 개념을 활용한 지리 학습 동기 유발 방안 연구〉는 교육 현장의 주요 연구 사례로 평가받고 있습니다.

생활 문화 감수_ 남경희

일본 쓰쿠바 대학원에서 사회교육학을 전공하고, 교육학 박사 학위를 받았습니다. 제7차 초등 사회 교과서를 집필한 바 있으며, 한국사회과교육연구학회 회장, 서울교육대학교 발전기획단장 등으로 활동하였으며, 지금은 서울교육대학교 사회교육과 교수로 있습니다. 쓴 책으로는 〈사회과 교수·학습론〉, 〈현대 사회과 교육〉, 〈붕어빵 학교 753교실〉 등이 있습니다.

사회 생활 감수_ 서이종

서울대학교 학부와 대학원에서 사회학을 전공하고, 독일 베를린자유대학에서 박사 학위를 받았습니다. 서울대학교 중앙전산원 부원장으로 활동하였으며, 지금은 서울대 정보사회포럼을 맡고 있고, u클린 운동 추진위원장으로도 활동하고 있으며, 서울대학교 사회학과 교수로 있습니다. 쓴 책으로는 〈과학 사회 논쟁과 한국 사회〉, 〈한국 사회의 위험과 안전〉, 〈인터넷 커뮤니티와 한국 사회〉, 〈한국 벤처기업가 벤처기업가 정신〉, 〈사이버 시대의 사회 변동〉, 〈지식정보사회의 이론과 실제〉 등이 있습니다.

민주 정치 감수_ 장훈

서울대학교 학부와 대학원에서 정치학을 전공하고, 미국 노스웨스턴대학교에서 박사 학위를 받았습니다. 한림대학교 정치외교학과 교수, 한국정치학회 상임이사로 활동하였으며, 지금은 중앙대학교 정치외교학과 교수로 있습니다. 쓴 책으로는 〈경제를 살리는 민주주의〉, 〈한국의 자유민주주의〉 등이 있습니다.

글_ 장지원

부산에서 태어나 서울대학교에서 공부했습니다. 오랫동안 어린이책을 전문으로 편집, 기획하였습니다. 여섯 살 된 어린 아들에게 좋은 책을 선물하고 싶은 마음으로 이 글을 썼습니다. 어린이들에게 유익한 정보를 주면서도 마음이 따뜻해지는 책을 만들기 위해 노력하고 있습니다.

그림_ 차재옥

홍익대학교 산업미술대학원에서 디자인을 공부하고 한겨레 일러스트레이션 학교에서 그림책을 공부했습니다. 지금은 광고와 잡지, 그림책 등 다양한 분야에 그림을 그리는 데 열중하고 있습니다.

똑똑한 사회탐구 ❽ 자연 지리 | 북부 지방   내 짝꿍 순아

펴낸이 박희철 | **펴낸곳** 한국헤밍웨이 | **출판등록** 제406-2013-000056호 | **주소** 경기도 성남시 분당구 금곡동 444-148 | **대표전화** 031-715-7722 | **팩스** 031-786-1100

기획·편집 오영호 이미경 황인옥 김경란 | **아트디렉터** 유정미 | **디자인** 박희경 이혜희 박민경 | **사진진행** 시몽포토에이전시

사진출처 34 압록강_연합포토 | 34 백두산 천지_이미지클릭 | 35 가을에는 풍악산_이미지클릭 | 35 개마 고원 방목지_연합포토 | 36 평양 시내_연합포토 | 36 서해 갑문_중앙포토 36 나진 자유 무역항_연합포토 | 37 금강산 특구 호텔_연합포토 | 37 패밀리마트 개성 공단 지점_연합포토 | 37 우리은행 개성 공단 지점_연합포토 | 37 개성 공업 지구_연합포토

내 짝꿍 순아

글 장지원 | 그림 차재옥

한국헤밍웨이

<떠든 아이>
김은미
이성원
곽영군
7 × 2 = □
4 × 3 = □
3 × 5 = □
□ × 6 = 30

"드르륵."

선생님이 처음 보는 애를 데리고 교실로 들어오셨어요.

"여러분, 순아는 북한에서 귀순* 했어요!"

"우아, 북한 애는 처음 봐!"

"우리랑 똑같이 생겼잖아."

조용하던 교실이 순식간에 소란스러워졌어요.

"찬이 옆자리에 앉으렴."

선생님은 내게 순아에게 잘 대해 주라고 하셨어요.

선생님이 나가시자마자 아이들이 우르르 몰려들었어요.

*귀순 적이었던 사람이, 반항하거나 반역하려는 마음을 버리고, 스스로 돌아서서 따라오거나
복종하는 것을 말합니다. 하지만 우리 나라에서는 북한에서 넘어오는 사람들을 귀순했다고 합니다.

8

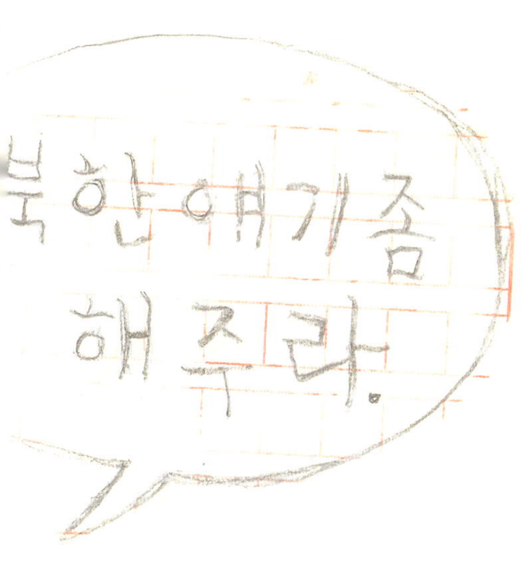

“너 어떻게 여기까지 온 거야?”
“북한 얘기 좀 해 주라!”
순아는 아이들을 바라보기만 했어요.
나는 북한 말투를 흉내내 보았어요.
“너 말할 줄 모르갔네?”
그래도 순아는 배시시 웃기만 했어요.
“벙어리래요, 벙어리래요.”
준석이가 순아를 놀렸어요.
갑자기 순아가 자리에서 벌떡 일어났어요.
그러고는 성큼성큼 칠판 앞으로 나갔어요.
아이들은 순아가 화났다고 생각했어요.

순아는 분필을 집어 들더니 뭔가를 정성들여 그렸어요.
"애개개, 우리 나라 지도를 누가 모른담."
가만히 보고 있던 준석이가 말했어요.
순아는 아이들을 둘러보더니 한 마디를 던졌어요.
"내가 살다 온 북한은 우리 나라의 북부 지방이야."
"휴전선으로 갈라졌지만 한 나라였다는 것쯤은 알지?"
아이들은 순아가 말하는 게 신기하기만 했어요.
갑자기 책벌레 민재가 나섰어요.
"넌 백두 대간이 뭔지 알아? 아마도 북한 애라 모를걸"
순아를 무시하는 말투가 묻어 있었어요.

북부 지방은 어디?

휴전선 이북의 북한 땅을 북부 지방이라고 해요. 북부 지방은 휴전선을 경계로 중부 지방과 구분돼요. 남북으로 나뉘기 전의 북부 지방은 행정 구역상의 함경 남·북도, 평안 남·북도, 황해도 및 휴전선 이북의 강원도와 경기도였어요. 지금 북한의 행정 구역은 많이 달라져서 면이 없어지고, 새로운 도가 생겼으며, 사회주의 체제를 선전하기 위한 지명들이 등장했어요.

마천령 산맥
강남 산맥
함경 산맥
적유령 산맥
묘향 산맥
언진 산맥
낭림 산맥
마식령 산맥
광주 산맥
태백 산맥
차령 산맥
소백 산맥
노령 산맥
대
간

"백두 대간은 한반도의 뼈대를 이루는 산줄기야.
백두산에서 남으로 쭉쭉 뻗어 낭림산, 금강산, 설악산,
지리산까지 연결되는 산맥이잖니."
순아는 지도에 백두 대간 산줄기를 쭉 그리기 시작했어요.
마치 아름드리 나무에서 크고 작은 가지가
뻗어 나온 것 같았어요.
"백두 대간을 보면 한반도가 한 나라라는 걸 알 수 있어."
"아아!"
나는 순아가 말하고 싶은 것을 조금은 짐작할 수 있었어요.

백두 대간

  백두 대간은 백두산에서 시작하여 지리산에 이르기까지 연결되어 있는
산줄기를 말해요. 백두 대간은 한반도를 동·서로 나눠요. 또 여러 개의
산줄기들이 서쪽이나 남서쪽으로 뻗어 나오고 있어요. 이러한 산줄기들은
지역을 구분짓는 경계선이 되었어요. 삼국 시대의 국경과 조선 시대의 행정
경계를 이루었지요. 백두 대간은 한반도 자연의 상징이며
한민족의 인문적 기반이 되는 산줄기예요.

"백두산 천지에는 괴물이 산다며?"
겁이 많은 하영이가 작은 목소리로 말했어요.
"정말이야, 순아야?"
모두들 눈을 동그랗게 뜨고 순아를 보았어요.
"하하, 백두산 천지를 보면 깜짝 놀랄 거야.
높다란 산꼭대기에 넓고 깊은 호수가 있으니까.
천지는 오래 전 화산 활동으로 생긴 분화구야.
백두산에서 흘러내려 압록강과 두만강을 이루지."
"괴물을 보았느냐니깐?"
"아니, 난 보지 못했지만……."
순아는 정말 백두산 천지에 괴물이 살지도
모른다고 생각했어요.

우 — 아
두만강 푸른 물에
압록강이야요!

2000
1500
1000
500
희사봉
성천강
개마 고원
압록강
홍원

“개마 고원을 우리 나라 지붕이라고 하더라.”
책벌레 민재가 얼른 나섰어요.
“응, 맞아, 개마 고원은 백두산 남쪽에 있어.
아주 높은 곳에 벌판처럼 넓은 평지가 있다고 생각해 봐.
소나무나 잎갈나무 같은 나무들이 아주 울창하지.
개마 고원 일대는 우리 나라에서 최고로 넓은 삼림 지대야.”
순아는 거침없이 지도에 개마 고원을 그려 넣었어요.
“가장 높고 편평한 고원이라서 우리 나라 지붕이구나.”
말이 느린 훈이가 할아버지처럼 중얼거렸어요.

개마 고원은 ‘한국의 지붕’

 개마 고원은 우리 나라에서 가장 높고 넓은 고원으로 면적은 약 1만 4300제곱킬로미터, 평균 높이는 1340미터예요. 함경 남·북도와 평안 남·북도 일대에 걸쳐 있어요. 개마 고원에는 백두산(2744미터)을 비롯하여 높이가 2000미터를 넘는 산이 20여 개나 있어요. 침엽수림이 울창한 개마 고원은 우리 나라 최대의 목재 생산지예요. 겨울이 길고 여름이 짧아서 벼농사가 어려워요. 대신 밀, 감자, 보리, 콩, 홉 등이 자라며, 넓은 초원에 소와 양 등의 가축을 기릅니다.

"북부 지방에는 겨울이면 '통나무 생산 전투 기간' 이라는 게 있어."

"통나무를 들고 싸우는 거야?"

가끔 엉뚱한 행동을 하는 준원이가 싸우는 시늉을 했어요.

"아니, 눈이 올 때 통나무를 잘라 강가로 보내는 거야."

순아는 아빠가 두만강에서 이 일을 하셔서 잘 안대요.

"나도 텔레비전에서 본 기억이 나. 사람들이 통나무로 뗏목을 엮어서
강물에 띄워 보내지? 물살이 급해지는 봄이면 더 바쁘다더라."

훈이가 갑자기 빠르게 말한 것은 처음이에요.

순아는 빙그레 웃었어요.

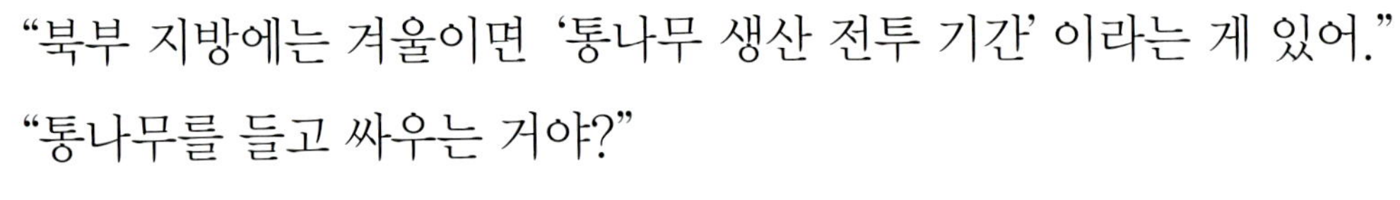

북부 지방의 떼몰이

 북부 지방에서는 해마다 11월부터 다음 해 봄까지를 '통나무 생산 전투
기간' 이라고 해요. 통나무를 베어 낸 다음 눈길을 이용해 강가로 끌어내려요. 북한
각지에서 일제히 진행되는 떼몰이는 압록강, 두만강, 청천강, 임진강, 대동강 등지의
물길을 이용해요. 압록강 지류들인 허천강, 장진강도 통나무 떼몰이가 집중되는
곳이에요. 양강도, 평안 북도 임산 사업소에서는 벌목한 통나무를 압록강으로 실어
내고 있으며, 함경 북도 임산 사업소에서는 두만강 물길을 이용해 떼몰이를 해요.
떼몰이를 통해 운반된 통나무들은 대부분 각지의
건설 현장, 탄광, 광산, 목재 가공소, 펄프 공장
등에 공급되지요.

중국
평양

"여러분, 북부 지방은 드넓은 중국 대륙,
그리고 러시아와 바로 맞닿아 있어요."
어느 새 선생님이 들어오셨어요.
이미 수업 시작 종이 울렸나 봐요.
모두들 자리로 돌아가 앉았어요.
"북부 지방은 대륙의 문화를 받아들이는 통로였어요.
또한 대륙으로 뻗어 나가는 길이기도 했지요."
선생님은 순아처럼 신이 나서 이야기하셨어요.
"그런데 남과 북이 갈리면서 남한 지역은
대륙으로 가는 길이 콱 막힌 셈이 되었잖아요."
몹시 속상한 듯 지윤이가 말했어요.

“북부 지방은 매우 춥다던데, 난 못 살아.”

효민이는 추우면 입술이 파래지며 벌벌 떨어요.

“중강진과 백두산 일대는 우리 나라에서 가장 추운 곳이야.

1월에는 영하 20도까지 내려가. 항상 춥다고 생각하면 돼.”

순아는 얼른 북부 지방의 집 모양을 그렸어요.

열이 빠져 나가지 않게 마루도 없이 방과 방이 따닥따닥 붙어 있어요.

부엌과 정주간 사이에는 벽도 없어요.

조금이라도 따뜻하게 지내려고 한 것 같아요.

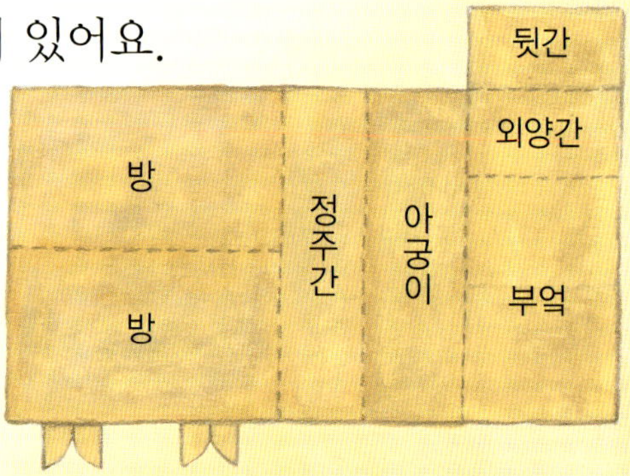

북부 지방의 기온과 강수량
1400~1600mm
1200~1400mm
1000~1200mm
800~1000mm
600~ 800mm
겨울 기온(1월)
여름 기온(8월)
-10℃
20℃
-8℃
-12℃
-16℃ -14℃
-6℃
22℃ -16℃
20℃
18℃
-14℃
22℃
-12℃
-10℃
24℃ -8℃
22℃
22℃
-4℃
-6℃
-2℃
-4℃

"북부 지방은 논보다는 밭이 많아요.
산지가 많으면 밭농사를 많이 짓잖아요."
선생님은 수학 시간인데도
북부 지방에 관한 이야기를 계속하셨어요.

24

"비도 너무 적게 와서 벼농사에는 맞지 않아요.
대부분이 밭이라서 옥수수, 감자 등을 많이 심어요.
산꼭대기까지 계단처럼 다닥다닥 만든 밭이 많거든요."
순아가 덧붙여 말했어요.
"부족한 식량을 얻으려고 엄청 노력하는구나."
나는 괜시리 마음이 짠했어요. 북한 사람들은 한 떼기의 땅에라도
곡식을 심으려고 열심히 노력한대요. 식량이 턱없이 부족하니까요.

옥수수 박사 김순권

  김순권은 1998년 처음으로 북한을 방문한 뒤, 수십 차례 북한을 오가고
있어요. 우선 옥수수 '수원 19호' 종자를 북한의 1000여 농장에서 시범
재배하여 옥수수 생산을 늘리려 애쓰고 있어요. 또한 우리 정부에서 연구비를
지원받아 북한 지역에 맞는 '북한 적응형 슈퍼 옥수수'도
연구하고 있어요. 한편 국제 옥수수 재단이 중심이
되어 국민들의 성금을 모아 북한에 옥수수
종자와 비료 등 농사에 필요한 물품을
보내는 운동을 벌이고 있어요.

"그런데 산지를 밭으로 개간하다 보면 나무가 없어질 거고.
비가 와도 빗물이 고이지 못하니 자주 홍수가 날 거야.
그러다가 계단밭이 무너져 산사태가 나기도 하고……."
내가 산사태 애길하자 순아의 표정이 어두워졌어요.
"그래서 늘 식량이 부족할 수밖에……."
"순아, 너도 굶은 적이 많았겠구나!"
선생님의 다정한 목소리에 순아는 고개를 떨구었어요.
떨군 고개 아래로 눈물이 뚝뚝 떨어졌어요.
아이들도 덩달아 눈물을 글썽였어요.

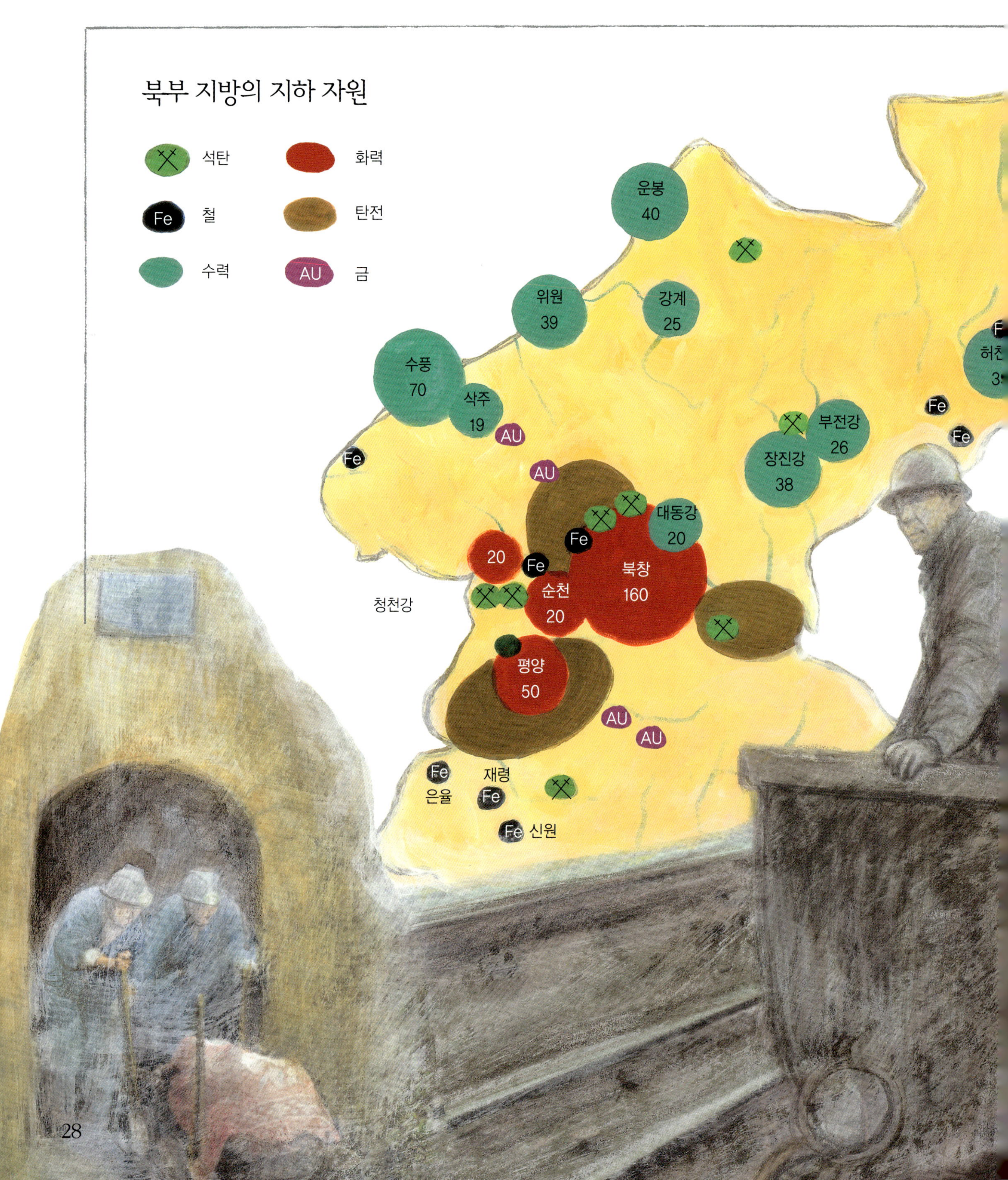

북부 지방의 지하 자원
석탄
철
수력
화력
탄전
AU 금
Fe
운봉
40
위원
39
강계
25
허천
3
수풍
70
삭주
19
AU
Fe
AU
부전강
26
장진강
38
대동강
20
Fe
20
Fe
순천
20
북창
160
청천강
평양
50
AU
AU
Fe
재령
은율
신원
Fe

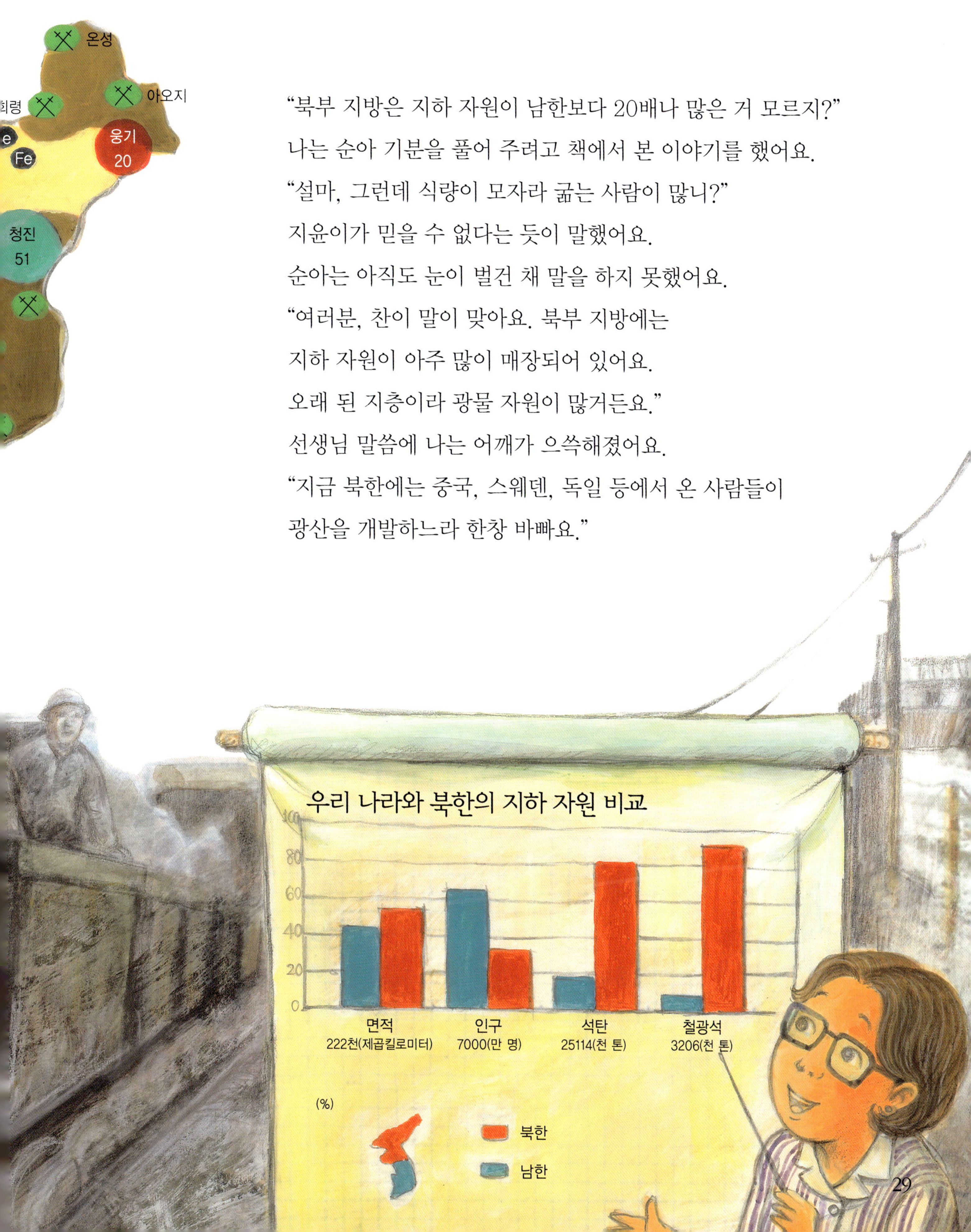

"북부 지방은 지하 자원이 남한보다 20배나 많은 거 모르지?"
나는 순아 기분을 풀어 주려고 책에서 본 이야기를 했어요.
"설마, 그런데 식량이 모자라 굶는 사람이 많니?"
지윤이가 믿을 수 없다는 듯이 말했어요.
순아는 아직도 눈이 벌건 채 말을 하지 못했어요.
"여러분, 찬이 말이 맞아요. 북부 지방에는
지하 자원이 아주 많이 매장되어 있어요.
오래 된 지층이라 광물 자원이 많거든요."
선생님 말씀에 나는 어깨가 으쓱해졌어요.
"지금 북한에는 중국, 스웨덴, 독일 등에서 온 사람들이
광산을 개발하느라 한창 바빠요."

29

러시아
모스크바
에카테린부르크
시베리아 횡단 철도
치타
울란우데
카자흐스탄
몽골
만주 횡단 철도
중국
베이징
선양
하
평양
원산
서울
부

"북부 지방의 중심지는 평양이야.
서울에 오니 한강이 눈에 확 띄더라.
평양에 가면 대동강이 눈에 들어와."
순아는 아이들이 자기를 이해해 줄 것 같았어요.
그래선지 다시 이야기를 시작했어요.
"평양에서는 중국의 베이징, 러시아의 모스크바까지
연결하는 국제 열차가 운행되고 있어."
"경의선이 개통되면 서울에서 평양을 지나
중국에 갈 수 있겠네!"
나는 기차를 타고 평양을 지나 중국에 가는
상상을 하며 중얼거렸어요.

경의선

서울에서 개성, 사리원, 평양을 지나 신의주를 잇는 철도예요. 총 연장 499킬로미터로 1906년에 개통되었어요. 분단이 된 이후로는 경의선 구간 중 남한은 서울에서 문산 간을, 북한은 개성에서 신의주 간을 운행해 왔어요. 남·북한은 2000년 6월 남북 정상 회담 이후 끊어진 경의선을 잇기로 합의했어요. 그 해 9월 문산에서 개성 구간 연결 공사를 시작했고, 문산에서 개성 구간은 남쪽 2.7킬로미터, 비무장 지대 1.8킬로미터, 북쪽 7.5킬로미터로, 남·북한이 해당 지역 철도를 먼저 복원하고, 비무장 지대 철도 공사를 하기로 했어요. 2003년 6월 14일 연결식이 군사 분계선(MDL)에서 열렸어요.

"순아야, 우리 잘 지낼 수 있을 거야."
선생님은 가냘픈 순아 어깨를 쓰다듬었어요.
나도 순아에게 잘 대해 주어야겠다고 다짐했어요.
"남·북한이 힘을 합쳐 노력하면 머지않아 통일이 되겠지요?"
선생님은 '통일'에 유난히 힘을 주어 말씀하셨어요.
"네!"
모두들 우렁차게 대답했어요.
순아와 선생님은 깜짝 놀라 마주 보며 싱긋 웃었어요.
나도 빙긋 웃었어요.

깊이보기

한반도를 북부, 중부, 남부로 나누었을 때, 휴전선 이북을 북부 지방이라고 합니다. 북부 지방은 북한이기 때문에 우리가 알기 어려운 지역입니다. 북부 지방의 자연 환경과 생활 모습은 어떠할까요? 초등 사회 교과에서는 4학년 1학기 '우리 지역의 자연환경과 생활 모습'에서 북부 지방을 다루고 있습니다.

▲ **압록강** 백두산 천지에서 흘러나와 한국과 중국의 국경을 이루면서 황해로 흘러드는 강입니다. 한반도에서 가장 긴 강입니다.

▶ **백두산 천지** 천지는 백두산 화산 분출 이후에 무너진 분화구에 물이 고여 생긴 칼데라 호입니다. 천지의 맑은 물은 압록강과 두만강, 중국 송화강의 원류가 됩니다.

산지가 많은 북부 지방

북부 지방은 중부나 남부 지방에 비하여 높은 산지가 많습니다. 특히 함경 산맥과 백두산, 개마 고원 등이 있는 북동부가 서부보다 더 높습니다. 또한 관북 지방의 산맥들은 해안 가까이에 위치하여 동해 쪽은 경사가 심하고, 황해 쪽은 완만한 경사를 이루고 있습니다.

연중 230일 겨울 날씨, 백두산

백두산은 높이 2744미터로 한반도에서 제일 높은 산입니다. 백두산은 약 200만 년 전부터 화산 활동이 약화되어 지금의 산세를 형성했습니다. 화산이 폭발할 때 용암이 잘게 부서져 쌓인 부석층이 곳곳에 남아 있는데, 천지 부근의 부석층은 두께가 20미터나 됩니다. 백색의 부석이 얹혀 있어 마치 흰 머리와 같다 하여 백두산이라고 하게 되었습니다.

백두산 꼭대기에는 천지라는 호수가 있습니다. 천지는 화산 활동으로 산 정상에 형성된 화구에 물이 괸 칼데라 호입니다.

백두산은 남쪽의 더운 공기와 몽골 지방에서 오는 찬 공기가 마주치면서 안개가 많이 끼는데 7~8월에 안개가 끼는 날수는 33일 가량 됩니다. 구름이 많고 천둥이 잦으며 주로 눈·비를 동반하지요. 벼락이 치는 횟수는 연간 48회이고 그 중 60~70퍼센트는 6~7월에 있습니다. 연평균 강수량은 1500밀리미터이며, 겨울 날씨가 연중 230일 정도 계속됩니다. 백두산 천지는 하루에도 열두 번은 날씨가 바뀐다고 합니다.

우리 나라 최대의 고원, 개마 고원

　개마 고원은 면적 1만 4300제곱킬로미터, 평균 높이는 1340미터입니다. 일부가 화산 활동으로 형성된 용암 대지로 되어 있습니다. '우리 나라의 지붕'이라고 할 만큼 매우 높은 고지대에 위치하여 2000미터 이상의 높은 산들도 이 곳에서는 완만한 구릉처럼 보입니다. 연평균 기온은 섭씨 1~4도 내외로 여름이 짧은 반면, 겨울은 길고 춥습니다. 이 곳에 자리한 '삼수', '갑산' 지역은 예로부터 하늘을 나는 새조차 찾지 않는다는 산간 벽지로 알려졌습니다. 그러나 1920년대 말부터 풍부한 삼림과 광산 및 수력 자원을 개발하기 시작했습니다. 고원 북쪽의 압록강으로 흘러드는 허천강, 장진강, 부전강에 유역 변경식 댐을 건설하여 북동부 해안 지방에 전력을 공급하고 있습니다.

세계적인 관광지, 금강산

　태백 산맥 북부 강원도(북한 지역) 금강군 · 고성군 · 통천군에 걸쳐 광범위하게 펼쳐진 금강산은 계절의 변화에 따라 아름다움과 정취가 달라 계절에 따라 이름이 다릅니다. 봄에는 온갖 꽃이 만발하여 화려하고 산수가 맑기 때문에 금강산, 여름에는 온 산에 녹음이 물들어 봉래산, 가을에는 단풍이 들어 풍악산, 겨울에는 기암 괴석의 산체가 뼈처럼 드러나므로 개골산이라고 합니다.

　금강산은 주봉인 비로봉(1638미터)을 비롯하여 1만 2000개의 기묘하고 아름다운 봉우리들과 온갖 모양의 바위들로 이루어져 있습니다. 시원하고 아름다운 폭포, 맑고 고요한 작은 못과 호수, 온천 등 명승지가 갖추어야 할 모든 것이 있습니다. 금강산에는 눈과 비가 많이 내립니다. 태백 산맥을 기준으로 서쪽은 7월, 동쪽은 8월에 비가 집중적으로 오며, 겨울에는 눈이 2~3미터씩 내립니다. 동해안과 가까워 짙은 안개가 자주 끼며, 산악 기후여서 날씨가 고르지 못하고 갑자기 바람이 불거나 순간적으로 폭우가 내리기도 합니다.

▲ **가을에는 풍악산** 금강산은 태백 산맥 북부 강원도(북한) 금강군 · 고성군 · 통천군에 걸쳐 광범위하게 펼쳐진 산입니다. 계절에 따른 아름다움이 각각 달라, 봄에는 금강산, 여름에는 봉래산, 가을에는 풍악산, 겨울에는 개골산이라고 합니다. 주봉인 비로봉을 기준으로 외금강, 내금강, 해금강으로 나눕니다.

▲ **개마 고원 방목지** 개마 고원은 오랫동안 침식을 받아 평탄해진 지형이 다시 솟아올라 이루어졌습니다. 한반도에서 가장 높고 넓은 고원으로, '우리 나라의 지붕'이라 합니다. 주요 농산물은 밀 · 감자 · 보리 · 콩 · 홉 등이며, 압록강 연안에서는 벼와 옥수수를 재배합니다. 개마 고원에 있는 국영 목장과 방목지에서는 소 · 양 등의 가축을 키웁니다.

▲ **평양 시내** 서울 북쪽 232킬로미터 지점에 있으며, 대동군에 둘러싸인 북한 지역의 중심 도시입니다. 시의 중앙에는 대동강이 흐릅니다. 대동강이 흐르는 모습이 서울 시내에 한강이 흐르는 모습과 비슷합니다.

▲ **서해 갑문** 평안 남도 남포 영남리와 황해도 은율군 송관리 사이의 대동강 하구에 있는 세계적 규모의 북한 최대 갑문입니다. 이 갑문이 건설됨으로써 미림·봉화·성천·순천 갑문과 함께 남포·평양·순천·덕천의 주요 공업·광업·농업 지역을 연결하는 운하망이 생겼습니다.

▲ **나진 자유 무역항** 북한의 3대 자유 무역항인 나진항에 정박해 있는 무역선 '대보산' 입니다. 나진항은 경제 무역 지대로 지정되어 물동량이 많은 곳입니다. 1995년에는 부산에서 나진까지 컨테이너 선 정기 직항로가 개설되었습니다.

중국·러시아와 마주하는 대륙의 관문

한반도는 거대한 대륙과 해양의 길목에 위치한 반도입니다. 특히 북부 지방은 압록강을 경계로 중국, 두만강을 경계로 중국·러시아와 국경을 맞대고 있습니다. 북부 지방은 옛날부터 우리 민족이 대륙으로부터 문화를 받아들이고, 또 대륙으로 뻗어 나가는 발판이 되었습니다. 그러나 일제 시대 이후 남북으로 갈리면서 남한 지역은 대륙과 연결이 차단되고 말았습니다.

앞으로 남북이 통일되고 오가는 것이 자유로워지면, 북부 지방은 다시 대륙으로 뻗어 나가는 통로로서 중요한 역할을 할 것입니다. 북한은 어려운 사정을 해결하기 위해 조금씩 자유 세계와 협력하여 극복하려고 하고 있습니다. 북부 지방의 여러 도시들이 개방 정책으로 어떻게 변화하고 있는지 알아봅시다.

유서 깊은 도읍지, 평양

대동강 유역에 자리 잡은 평양은 대륙 문화가 한반도로 들어오는 길목에 자리 잡고 있습니다. 고조선과 고구려 시대의 도읍지였기 때문에 유물과 유적지가 많습니다. 을밀대는 평양의 금수산에 세워진 정자인데, '을밀대 봄놀이' 는 평양 팔경의 하나로 손꼽힙니다. 평양 시내에는 김일성 동상, 주체 사상 탑 등 정치 선전물이 곳곳에 있습니다.

평양은 북부 지방의 중심지 역할을 하고 있습니다. 북한의 정치·경제·문화의 중심지이자 교통의 요지입니다. 경의선을 비롯한 여러 철도와 고속 도로가 평양을 중심으로 뻗어 있습니다. 순안에는 국제 공항이 위치하고 대동강 하구에는 서해 갑문이 건설되어 큰 배가 드나듭니다. 이처럼 해상과 육지의 교통이 편리하고 자원이 풍부해서 종합 공업 지역으로 발전하였습니다.

북한의 자랑, 서해 갑문

대동강 하구의 남포 지역에는 36개의 수문을 갖춘 서해 갑문이 있습니다. 서해 갑문은 대동강 하굿둑입니다. 한반도 서해안에 건설된 하굿둑 중에서 가장 규모가 큽니다. 서해 갑문이 건설되어 하구에서 중·상류 지역까지 수위가 안정되어 하천을 이용하여 물자를 운반하기가 편리해졌습니다. 그리고 주변에 항상 필요한 물을 공급할 수 있게 되었습니다. 뿐만 아니라 대동강 상류 지역의 순천, 북창, 덕천에서 생산되는 석탄, 광물 자원, 시멘트 등을 하천을 통해 평양 근교의 공업 지대 및 남포항으로 수송할 수 있게 되었습니다.

경제 무역 지대, 나진·선봉

북한은 1991년, 중국의 '경제 특구' 를 모방해 나진과 선봉을 경제 무역 지대로 정했습니다. 선진 과학 기술을 도입하고 경제에 활력을 불어넣기 위해서입니다. 또, 나진, 선봉, 청진을 자유 무역항으로 지정했습니다. 이 곳은 중국의 훈춘, 러시아의 포시에트와 함께 1991년 유엔 개발 계획(UNDP)에 의해 개발이 추진되고 있습니다.

이 지역에서는 외국인들이 자유롭게 회사를 세울 수 있고, 세금의 일부가 면제됩니다. 벌어들인 돈을 자유롭게 쓸 수도 있습니다. 나진·선봉 경제 무역 지대는 중국 동북부 지방과 일본 및 아시아, 유럽을 연결하는 지리적 이점이 있습니다. 그래서 동북 아시아 교통의 중심지로 성장하기 위한 대규모 두만강 개발 사업이 추진되고 있습니다. 두만강 개발 사업은 북한의 청진과 중국의 옌지, 훈춘, 그리고 러시아의 블라디보스토크를 연결하는 지역 안에서 이루어지며, 해당 국가(북한, 중국, 러시아)와 주변 국가(한국, 일본, 몽골)가 참여하고 있습니다. 하지만 아직까지는 교통·통신 등 기반 시설이 매우 부족합니다.

아름다운 관광지, 금강산

금강산 관광 개발은 1998년 11월, 현대 그룹이 처음 시작했습니다. 지금은 금강산 일대가 완전히 개방되어 자유롭게 관광할 수 있습니다. 또한 여행업, 숙박업, 첨단 과학 시설에 대한 투자가 법적으로 보호받을 수 있게 되었습니다.

개발과 관광 사업에 관련한 권한은 (주)현대아산이 맡아 2005년까지 5억 9000만 달러, 2006년 이후에는 13억 달러를 투자해 금강산 일대를 제주도와 같은 종합 관광 단지로 개발하는 계획을 추진하고 있습니다.

개성 공업 지구 개발 사업

개성 공업 지구 개발 사업은 개성시 일대의 총 2000만 평의 대지에 공장을 짓고 주변 도시를 개발하는 등 세 번에 걸쳐 개발할 계획으로 시작되었습니다. 지금 남북이 역점을 두고 추진하고 있는 사업 가운데 하나입니다.

개성 공업 지구에는 남한의 여러 기업들이 들어가 있습니다. 입주한 기업들은 태성산업, 로만손, 신원, 문창기업 등입니다. 공단이 완공되는 2010년 이후에는 입주 기업 2000여 업체, 인구는 45만 명, 고용 인구 25만 명, 연간 생산액 150억 달러, 개성 지역 관광객 연간 150만 명 등이 예상됩니다. 앞으로는 세계적으로 경쟁력 있는 종합 국제 자유 도시로 발돋움할 것입니다.

▲ **금강산 특구 호텔** 1998년 9월부터 남북 분단 50여 년 만에 금강산 관광이 시작되었습니다. 동해항에서 북한의 장전항까지는 배로 분단선을 넘고 외금강 온정리에서 관광이 시작됩니다. 금강산 관광 특구에는 남과 북이 함께 만든 호텔 등의 시설이 있습니다.

▲ **패밀리마트 개성 공단 지점** 편의점 '패밀리마트'가 개성 공단에서 문을 열었습니다.

▼ **개성 공업 지구** 한국과 북한이 공동으로 동북 아시아 지역의 중추적 거점으로 만들기 위해 추진하는 자유 경제 지대입니다. 현대식 남측 기업 건물과 낡고 허름한 북측의 건물들이 묘한 대비를 이루고 있습니다.

▲ **우리은행 개성 공단 지점** 개성 공단에 우리은행 지점이 개설되었습니다. 환전, 송금 등을 지원하고 있습니다.

똑똑한 사회탐구